Verfremdungen

Erzähltexte und Gedichte

von

Marlene Eitze

1985

VERLAG AUGUST LAX HILDESHEIM

CIP-Kurztitelaufnahme der Deutschen Bibliothek

Eitze, Marlene
Verfremdungen: Erzähltexte und Gedichte / von Marlene Eitze
Hildesheim: Lax, 1985
ISBN 3-7848-8919-0

Satz: Filmsatzgesellschaft Hildesheim mbH Hildesheim
Druck: Buchdruckerei August Lax Hildesheim

Vorwort

Die Erzähltexte, in einzelne Handlungsabschnitte gegliedert, geben Erlebnisse von meinen Reisen und dem Alltagsgeschehen wieder. Sie sind teilweise verfremdet dargestellt, teilweise absurd. Diese Gestaltungsweise ermöglicht es, daß die Erlebnisse zu einer allgemeinen Aussage geführt werden können. Über die Farbe schwarz, die sich im Text auf Kleidung und auf Zukunftsperspektive bezieht, gebe ich folgende Aussage: Schwarz, das ist eine Art stiller Provokation. Das ist das Vornehme der Portugiesinnen. Das ist das Elegante und Unnahbare. Schwarz, das ist das Unheimliche vereinzelter Beduinenstämme. Es ist das Gefühl und das Sich-Fühlen. Es ist: Keine Modeerscheinung. Es ist: Ausdruck. Schwarz muß verstanden werden.

Die Gedichte erhielten ihr ,,Stichwort'' von dem, was mich auf meinen Reisen sehr beeindruckt hat: Landschaften, Pflanzen und Lebensweisen. Das Gedicht mit dem Anfang ,,Aneinander geschmiegt'' bezieht sich auf die Übernachtungen — in nur einem Schlafsack, zu zweit — und Zeiteinteilungen auf dem Berg Rinjani auf Lombok, Indonesien. Der Aufstieg dauert zehn oder aber dreizehn Stunden, je nach Ausgangsort. Der Berg ist etwa 3000 m hoch. In ihm ist ein Vulkan, der vom Segara Anak See umgeben ist. Dieser ist durch einen Felsabstieg erreichbar. Das Gedicht ,,Die Wolken eilen'' entstand dort.

Wörter, die mit * versehen sind, werden in einer Anmerkung, alphabetisch geordnet, erklärt.

Inhalt

I. Erzähltexte

Über B. und seine Erlebnisse

B. ist ein Mensch, der eigentlich nur gemocht wird, wenn er fröhlich ist und nicht in Schwarz erscheint. Dieser Bürger aber ist nicht seltsam; im Gegenteil. Doch die anderen hatten ihre Vorstellung, von der sie nicht abgingen. Somit ignorierten sie auch die Toleranz. Das mochte B. gar nicht. Doch B. ist kein Ignorant und so weiß er auch, daß auch er immer wieder an sich arbeiten muß. Und das tut er auch. Aber manchmal hat er keine Lust, sich zu beherrschen. Dann läßt er sich einfach gehen. Doch nicht auf Kosten der Freiheit anderer, nein. Er läßt sich nur gehen. Damit will er auch etwas aufzeigen. Er will darstellen wie es ist, wenn man nur gemäß seiner Welt lebt. Doch: Wer versteht das schon? Wohl niemand. Denn alles lacht und erfreut sich nur seiner selbst. Sie, die so sind, denken: Wir sind nicht so wie er. Wir haben keine Eigenheiten, ja, noch nicht einmal Kummer. Und sie meinen: Wir sind ganz einfach anders. Wir leben in geordneten Verhältnissen, dachten sie, und zogen sich zurück. Aber aus Angst. Denn sie fühlten wohl, daß auch in ihnen ein anderes Ich sein mußte. Denn sie hatten Wunschträume. Heimliche, aber auch sich verdeckt äußernde. Manchmal sprachen sie darüber, in der Annahme, daß niemand es merke. Sie redeten dann zu viel und regten sich auf über dieses und jenes und merkten nicht, daß B. sie durchschaute. Nur deswegen fühlten sie sich wohl und auch, weil sie an sich glaubten. Doch das war ihr trügerischer Schein, der sie stets betrog. Aber sie wußten es ja nicht. Und so reden sie weiter und nehmen Anstoß an allem, was sie sich nicht vorstellen können. Und sie nehmen Anstoß an dem, was sie selbst gern hätten. Betrügt euch nur weiterhin so, dachte B., eines Tages werdet auch ihr erwachen.

B. hatte eine Verabredung. Er freute sich. Doch er erwartete nichts. Aber warten wollte er. Er wollte zeitig eintreffen, damit er warten konnte. Er setzte sich ins Auto, fuhr. Er stieg wieder aus. Der Zielpunkt war erreicht. Doch B. konnte nicht mehr warten. Dies erkannte er sofort als er in die Spiegel schaute. Er erblickte den mit ihm verabredeten Menschen. Aber dieser nicht ihn. Er war nämlich in Gedanken vertieft. B. nicht, weil er ja warten wollte. Jedenfalls hatte er es vor. Daß es dazu nicht kam, das betrübte B. doch ein wenig. Er konnte so die Vorfreude nicht genießen, die schon in ihm war. B. zögerte, ging dann aber doch auf den anderen Menschen zu. Dieser staunte und konnte nicht fassen, daß B. schon hier war. Ja, direkt vor ihm stand. Da bemerkte B. dessen Zweifel und umarmte den anderen. Nun wußte auch dieser, daß die Spiegel nicht trogen. Beide begrüßten sich innig. Aber B. sprach nicht. Er hatte den Namen des anderen vergessen. Das lag wohl an der nicht eingeplanten Situation. Also hatte B. doch etwas erwartet. Das war ihm nur nicht bewußt. Er dachte nach, überlegte, wie sein Gegenüber heißen könnte. Es fiel ihm noch immer nicht ein. Er ergriff eine Verzögerungsmaßnahme. Er küßte sein Gegenüber. Da ward ihm seltsam zumute. Er spürte ein Verlangen in sich. Nun konnte er erst recht nicht auf den Namen kommen. Das wußte B. aber nicht. Ihm war es nicht klar. Ihm war überhaupt nichts bewußt. Er fühlte nur. B. vergaß alles. Er hatte sich verloren. Im Augenblick. B. wurde angesprochen. Das war schade. Denn B. wollte träumen. Lange. B. hatte jetzt den Namen des anderen wieder.

B. ist eigentlich ein lieber Mensch. Doch nicht immer. Manchmal haßt er den Geist und die Überlegtheit und nimmt nichts ernst. Er stellt dann Geschichten an und trotzt. Er geht in allem weiter als A. Darum heißt er auch B. Er kennt kein Erbarmen mit sich, wenn er nicht weiß, was er will. Er geht dann aus sich, aber auch wieder in sich. Das bedauert er eigentlich. Doch B. weiß, daß es recht so ist. So viel Durcheinander hielte er nicht aus. Doch in seinen angestellten Geschichten bleibt er immer friedlich. Er berührt nicht die Persönlichkeit der anderen. B. macht es anders, wenn er etwas anstellt. Aber das verschweigt B., denn er ist ein kluger Mensch. Er will nur mal Abwechslung haben. B. ist weiblichen Geschlechts.

B. reist gern allein. Aber er bleibt selten allein. Er begegnet Menschen, die mit ihm gehen. Und er begegnet Menschen, die ihn als Gast aufnehmen. B. ist glücklich, wenn ihm ein Kamel überlassen wird. B. liebt es innig, denn es ist ihm wesensgemäß. Er versteht es. Er erfühlt sein Inneres, vor allem wenn es trotzt. B. ist der Ansicht, Trotz ist Ausdruck eines hohen Eigenlebens, Ausdruck einer Empfindsamkeit. Das Kamel ist auch nicht so leicht zur Vernunft zu bringen. Denn es will sich leben. Und das findet B. gut. Er liebt es also und auch die Wüste. Die Freiheit gebende. Der Besitz zählt nicht. Es gibt keinen Zweifel. Es gilt das Gesetz des Extremen. Die Wüste ist schön. Man muß aber das Leben in ihr verstehen. Nichtstun ist sinnvoll. Der Augenblick wichtig. B. allerdings macht hin und wieder Fehler, wenn er die Wüste verläßt. Er denkt nicht an Gefahren, die ihm begegnen könnten. Auch dann nicht, wenn er gewarnt wird. Was soll denn passieren? B. hat ja nur Gutes erfahren, lebte gewissermaßen geschlechtslos. Das gefällt ihm auch. Doch außerhalb der Wüste gelten andere Gesetze und daran hatte B. nicht gedacht. B. wurde also bedrängt und wehrte sich. Blitzschnell. Nicht an den nächsten Augenblick denkend. Warum auch. Da aber hatte B. sich geirrt. Der Stolz des anderen Menschen war verletzt. B. hatte diesen geohrfeigt. Weiter nichts. Aber das war schon zu viel. Dieser andere nahm Rache. Er nahm einen Stein auf, hielt ihn wurfbereit über B.'s Kopf. Das schreckte B. nicht ab. Er ging auf diesen Menschen zu, packte ihn. Sein Gegenüber war überrascht. Er ließ den Stein vorsichtig fallen und rannte fluchend weg. Aber wie! Das war zu viel an Beleidigung. B. war zunächst nicht erregt. Doch dann zitterten seine Knie und er weinte. Warum, das wußte er nicht. B. wußte nur, daß der Augenblick wieder einmal entschieden hatte. Er dachte darum nicht weiter nach.

B. bringt sich von seinen Reisen immer Schmuck mit. Ganz klar, daß dieser nicht so wie hier gewohnt ausfällt und daß B. sehr oft deswegen angesprochen wird. Aber sein Schmuck ist dennoch gemäßigt, wenn man weiß, was es ansonsten noch gibt. B. hat einen Fruchtbarkeitsgott. Einen Mondgott. Einen Seelengott. Den Fruchtbarkeitsgott liebt B., denn es ist ein geistiger. Die symbolische Gestalt ist in Leder gefaßt. Trägt B. diesen, dann wird er gefragt, ob er abergläubisch sei. Natürlich ist er das! Manchmal wird B. auch nach der Bedeutung gefragt. Seine Antwort verschreckt immer ein wenig. Denn B. verschweigt zunächst, daß der Fruchtbarkeitsgott ein geistiger ist. Ein Mann weicht da lieber vorher zurück! Der Mondgott ist groß, kühles Silber, ein volles Rund. Wirkungsvoll. Blickpunkt. Wie der Mond. Anziehend. Der Seelengott fällt weniger auf. Es ist Seele. Der Götterschmuck wird ja noch verstanden. Nicht aber B.'s geschmiedeter Halsreif. Wo ist denn das Pferdegebiß her? Das wurde B. gefragt. Er wußte keine Antwort. Das Pferdegebiß!* Der Fragende hat sicher Humor und ganz gewiß eine kraftvolle Sprache. Die möchte B. allerdings auch sprechen; wenn er nur dürfte! Doch B. beherrscht die Kunst des Beherrschens und schweigt. Schweigendes Einvernehmen aber wäre ihm lieber. Um ein Erdfeuer sitzen, träumen, in die Flammen schauen, sich ansehen. Die Zeit nicht wahrnehmen. Das Verstehen erfühlen. Erschauen. Wärme empfinden. Sein. In einem Rund. Der Beduine liebt das Feuer.

B. geht durch die Straßen einer Stadt. Plötzlich kommt ihm ein Einfall: Augenschminke. Kohol*. Ja, Augenschminke braucht er mal zur Abwechslung. Augen sind ja Ausdruck. Warum nicht noch mehr Ausdruck? Das ist die Idee. Sie machte Eindruck. B. kauft sich also Schminkzeug für die Augen. Bis er verstand was man alles so braucht! Unbegreiflich! B. erwarb das alles und probierte das Schminken. Welch' ein Umstand! Die Dose ging nicht auf. Die Farbauftragung war unklar. Mittels einer Schere mußte die Kappe des Wimperntuschstifts gewaltsam eingeritzt werden. Das Ergebnis war verblüffend: Nichts veränderte sich. B. verzweifelte schon ob der Arbeit. Dann stellte er plötzlich fest, daß die Kappe sich abziehen läßt. Doch auch das schaffte B. nicht gleich. Doch dann war es so weit. Die mühevolle Vorarbeit brachte B. so weit, daß er dick auftrug. Aber das gab Ausdruck. Man sah, daß er seine Augen geschminkt hatte, den Künsten eines Visagisten abhold. B. beschloß, sich nur abends zu schminken. Denn dann sah man das dick Aufgetragene wohl nicht. Aber er ließ das doch vorerst sein. Er scheute den erneuten Versuch. Er wollte sein Vorhaben wachsen lassen. Von Innen heraus. Denn Zwang mag er nicht. Das Schminkvorhaben war am Ansatz gescheitert.

Die Technik versteht B. auch nur im geringen Maße. Er denkt zum Beispiel nicht daran, daß ein Autoreifen Luft braucht. Er erfuhr es nur einmal wieder, weil er darauf hingewiesen wurde. B. saß bereits im Auto. Jemand klopfte an das Fenster, was B. verwunderte. B. stieg aus und vernahm, daß sein Auto einen Platten hätte. Doch das stimmte nicht. B. trat gegen den Reifen und die Luft ging nicht raus. Also kein Platter! Es fehlte nur ein gewisser Luftdruck überall. Wie bringt man Luft in einen Reifen, das war nun die große Frage für B. Von solch einer Künstlichkeit hält B. nicht viel. Aber sie muß auch sein. B. fuhr zu einer Tankstelle, sah sich den runden Koloß an, setzte ihn fachgerecht an und los ging's. Auf drei stand schnell der Zeiger, so, als wüßte er etwas von der Bedeutung der Drei. Doch drei — das war schon zu viel. B. erhielt glücklicherweise wieder Hilfe. Sein fachgerechtes Ansetzen sah wohl doch recht zweifelhaft aus. Ihm wurden Plus und Minus erklärt. Minus ist zu drücken bei Zuviel und Plus ist zu drücken bei Zuwenig. Das erstere leuchtete B. sofort ein. Er verstand es. Denn ein Zuviel an Besitz muß weniger werden. Das Minus ist besser als das Plus, weil ja nichts mehr wegkommen kann. Es kann nur noch etwas hinzukommen. Das weiß B. und er versteht das Minus. Aber Luftabnehmen kann er trotzdem noch immer nicht. Und so wird B. wohl wieder warten. Bis ihm gesagt wird, sein Autoreifen sei zu prall. Aber vielleicht ist bis dahin die Luft schon draußen. Das ist ja immer so, wenn man zu lange auf etwas wartet. Das zu wissen reichte dem B. Und er dachte wieder an sein Geheimnis in der Wüste.

Kultivierte Trinkkultur. Trinkkultur kultiviert. Davon hatte B. gehört und sich so seine Gedanken gemacht. Einen davon setzte er in die Tat um. Das

Sektglas, das gut in der Hand liegt und zwei schmale Eiswürfel in Längslage nur aufnehmen kann, wurde umfunktioniert. Campari wurde darin serviert. Das Bittere in Vornehmheit. Aber bekömmlich. Die Verpackung ist also wichtig. Darum gibt es auch eine Verpackungskunst. So einfach ist Kunst zu verstehen. Kunst läßt sich also begreifen. Im wörtlichen Sinne sogar. Daher versteht B. gar nicht, daß es so wenig Kunst zum Anfassen gibt. Das Erfassen ist wahrscheinlich doch wichtiger als das Anfassen. Natürlich kann man nicht alles anfassen. Das will B. auch gar nicht. Er sucht sich das schon raus. Und noch wichtiger: Er läßt sich nicht anfassen. B. aber faßt gern Schmiegsames an. Runde Kanten mag er. Seine Schultern mag er. An ihnen kann man sich nicht stoßen. Sie sind rund. B. findet, daß dem wohlgefällig Runden mehr Bedeutung zukommen müßte. Die Kuh ist immer noch angenehmer als die Ziege. Ab einem gewissen Alter, das B. nicht so recht konkret auszusagen weiß, soll es sich ja entscheiden, ob eine Frau eine Kuh oder eine Ziege wird. Aber das kann B. nicht so recht verstehen, weil er ja diesem Geschlecht angehört. Ihm ist eine Kuh auch lieber und er würde auch eine werden, wurde ihm gesagt. Gesagt wurde ihm ohnehin viel. Er behielt nicht alles. Diese Aussage aber machte Eindruck und das ist wichtig im Leben. B. hat das aber nicht nötig. Ihm ist Eindruck-Machen nicht wichtig. Und so wird er doch noch einmal einen Versuch unternehmen und sich schminken. Denn: B. liebt Ausdruck.

B. liebt das Hochformat. Es strebt nach oben. Es ist das Geistige. Aber nicht nur das. Wenn B. malt oder fotografiert, bevorzugt er das Hochformat. Er wählt die Motive entsprechend, aber meist ergibt es sich so. Ihm begegnet ohnehin auf seinen Reisen wenig Flächenhaftes. Er braucht nicht viel aufzunehmen. B. erlebt das Wenige intensiv, er durchlebt es. Er hat Zeit, er unterliegt keinem Abhakprogramm. Er verweilt. B. war wieder einmal in der Wüste. Er wollte besonders schöne Bilder von ihr machen, das Strahlen des Sandes einfangen. Er bekam ein Kamel. Doch das war ein Mehari, ein Rennkamel, höher als die anderen. Sanftmütiger, edler. Mit diesen kann B. noch nicht gut umgehen. Außerdem bevorzugt er das Karawanenkamel. B. übte noch einmal den sanften Schlag gegen das Knie, denn ohne diesen geht ein Kamel nicht in die Knie. Es legt sich nicht. Auch die Laute, die ihm sagen, wie es zu gehen hat, ließ sich B. noch vormachen. B. war nun sicher und ritt los. Es ging wunderbar. Doch B. wurde übermütig. Er ritt die Dünen nicht mehr diagonal an, sondern steil. Das machte Spaß. Aber nicht lange. B. rutschte mitten auf einem Dünenhang vom Kamelrücken. Das Kamel war verdutzt und paßte weiter. B. holte es ein und mußte feststellen, daß das Kamel sich wie ein Kamel verhielt. Es ging nicht runter. B. versuchte und versuchte. Nichts zu machen. Das Kamel blieb ein Kamel. Der Schlag war wohl nicht liebevoll genug ausgefallen. Das Kamel trotzte. Es blieb dem B. nichts weiter übrig als es zu ziehen. In einer Karawane ist das ja ehrenhaft, doch nicht bei einem Mehari. Es war beleidigt und trottete wie es wollte hinter B. her und schlabberte. B. hatte es schwer. Er kam nicht zum Fotografieren. Er mußte auf das Kamel eingehen. Es reagierte aber nicht. Es ergab sich keine Beziehung. Und so trottete auch B. durch den Sand. Er war auch beleidigt. Das ist der Mensch schnell, wenn es nicht nach seinen Vorstellungen geht. Vorstellungen und Erwartungen, das sind Haltungen der Zivilisation. Das ist eine andere Realität. Es ist nicht das Eigentliche. Es ist Träumerei ohne Traum.

Eines Tages fragte B. sein dazugehörendes B., was es denn sagen würde, wenn er sagen würde: Ich liebe dich. Die Antwort, lustig ist das, machte B. innerlich glücklich. Seine Augen strahlten. Er wußte, er konnte nun wieder etwas anstellen. Doch B. las erst Zeitung. Die Artikel liest er selten zu Ende. Er überfliegt mehr, weil ihn die Genauigkeit stört. Wenn sie da ist. Manchmal schneidet B. Artikel aus und archiviert sie auf seine Weise. Er legt sie in ein Buch, in der Annahme, dort sind sie leicht wieder zu finden. B. aber ergreift irgendeines und so werden die Artikel dem Zufall überlassen. Der ist ja schließlich auch wichtig. Die Sonne schien. B. legte die Zeitung für einen Moment weg. Er dachte an nichts. Und doch kam ihm ein Gedanke. Warum wird eigentlich die Technik so hochgezüchtet? Die Dinge sind nicht mehr durchschaubar. Ängste werden entstehen. Unruhe und vielleicht auch Langeweile. B. versteht davon gar nichts. Er verschließt sich dem Neuen, weil er den Sinn nicht weiß. Er macht Verweigerung. B. hat seine eigene Philosophie und bleibt lieber bei dem Natürlichen. Er philosophiert nicht viel. Er redet nicht viel. Er schmunzelt nur, wenn ihm gesagt wird, daß es schön sein müsse, wenn er einmal schweige. Unbegreiflich diese Worte, denn B. ist im Schweigen großartig. Im Schweigen verschweigt er sich. Doch man sieht ihm an, was er denkt. Man weiß sofort was ist, wenn man B. kennt. B. schaut in den Spiegel. Er findet sich heute schön. Das macht unternehmungslustig. Er verabredet eine Verabredung. Und kommt zu spät. Er hatte plötzlich keine Lust mehr, die Zeit einzuhalten. Verrückt, immer nach der Uhr sehen zu müssen. B. trägt nicht gerne eine Uhr. Er hat festgestellt, daß auch die Zeit nach dem Geschlecht eingeteilt wird. Er sah Damenuhren, die keine Uhren sind. Nur Dekoration. Sie sind zwar Uhr, denn sie haben Zeiger und Zifferblatt, aber keine Ziffern. Zeit ist für eine Frau also nicht wichtig; in diesem Sinne jedenfalls nicht. Die Frau braucht keine genaue Zeit. Die Verabredung wurde eingehalten. Nicht ganz zeitig; also unpünktlich. Doch weil sie eingehalten wurde, wurde wieder eine Verabredung verabredet. Diese Verabredung konnte nicht eingehalten werden. Äußere Umstände. Es war aber verabredet, die Verabredung noch zu bestätigen. Und diese Verabredung wurde eingehalten. Die verabredete Verabredung kann also doch noch eingehalten werden, folgerte B. aus allem. Seine Philosophie versagt also nicht.

B. ging wieder einmal zur Premiere. Nur aus Neugierde.Ihn interessierten weder Stück noch Schauspieler. Ihn interessierten die Menschen, die Besucher, das Publikum. Wer so da war. Ob er überhaupt jemanden kannte. Und wie sie sich so geben, das wollte B. wissen. Die Pause kam endlich. B. wandelte in den Gängen, ging treppauf und treppab. Er versäumte im Sehen nichts. Er machte sich seine Gedanken und merkt doch dabei, weil es ihm immer wieder auffiel, daß auf seine Schuhe geschaut wird. Schon wollte er den nächsten Gucker fragen, was denn so in dieser Blickrichtung interessant sei. Er besann sich aber anders und schaute selbst in diese Richtung. Ein Lachen ließ sich nicht unterdrücken. B. hatte, zwar rechts und links richtig, doch sonst nichts richtig, verschiedene Schuhe an. Der eine rot, der andere blau. Kann ja vorkommen. B. fand diese Art des Auffallens gekonnt und einfach. Man braucht sich nicht bemühen. Man fällt einfach auf. Ohne Anstrengung. Wunderbar. Das aber schrieb B. sich seiner Unbedachtheit zu. Nur Unbedachtes gelingt so gut.

Eines Abends wollte sich B. mit ihm vertrauten Menschen treffen. Diese Gelegenheit nutzte er und tat sich Augenschminke auf. So konnte er gleich die Wirkung sehen. Die Augen wurden mit Lidstrich und Überlegung geschminkt. Dunkles Braun als Lidschatten und helles als Brauenschatten. Dunkles geht zurück und Helles kommt nach vorn, ohne sich zu treffen. Die Augen mußten so also größer werden. B. kam zum Treffpunkt hin und keiner sagte etwas über seine Augenschminke. Wo ihm doch sonst immer gesagt wird, ob etwas paßt oder nicht. B. machte seine Augen noch größer und fragte einfach nach. Die Antworten waren niederschmetternd. Es fiele nicht auf. Braun ist für den Abend zu dezent. Es wirkt nicht am Abend. Der große Augenaufschlag hatte auch nichts weiter bewirkt. Nur die Überlegung, an wen B. erinnere. Der andere aber erinnerte sich nicht. Und sagte auch nichts. Doch B. erfuhr, daß er für den Abend grün nehmen müsse. Es gäbe ein schönes Grün. Kristallisiert oder kristallisierend. So genau weiß B. das nicht mehr. Er muß nun überlegen: Grün kaufen oder nicht oder nicht mehr am Abend, sondern am Tag, geschminkt erscheinen. Die Tagesschminke, das wurde dem B. gleich klar, hat für ihn nur Nachteile. B. müßte sich mittags wieder abschminken und dann nach dem Aufwachen wieder schminken. Ein zu großer Aufwand und somit war die Entscheidung gefallen: Keine Tagesschminke. Grün wird B. auch nicht kaufen, denn er fand sein Auftreten mit Augenschminke vornehm. Das wenigstens fiel auf. Die Ursache aber wurde nicht erkannt. Der Mensch muß ja auch nicht immer in die Tiefe der Zusammenhänge gehen. Dann würde er nur zu viel denken und feststellen, daß er doch zu wenig weiß. B. genoß wieder den Rotwein und dachte an Oblomow, der auf seine Weise das Leben angenehm zu leben verstand. Der, so lange er nicht bewegt wurde und ihn nichts bewegte, seine Zeit faulenzend im Bett verbrachte. Das war für B., wie ihm augenblicklich klar wurde, das Stichwort. B. hatte nun eine annehmbare Begründung für den Nichtkauf von Grün gefunden. B. nämlich braucht kein Bett. Er spürt lieber die Erde. Deswegen also nahm er die Augenlidschattentöne in Braun. Erdverbundenheit und Wärme, nur das paßt zu ihm. B. fand, daß das Grün ihn doch etwas verwirrt hatte und unsinnigerweise zum Denken angeregt hatte. Das war in diesem Fall überflüssig, unökonomisch, um es modern zu sagen. Absurd.

B. hat Campari getrunken und nun Mut, die letzten Verbesserungen, eigentlich Ausbesserungen, an seiner Wohnung vorzunehmen. Er versteht gar nicht, warum von ihm immer angenommen wird, er sei emanzipiert. B. weiß gar nicht so recht, was das Wort bedeutet, aber er weiß, daß es nicht schicklich ist, nicht emanzipiert zu sein. Also ist B. emanzipiert, doch bequem. Und dennoch wagt er sich daran, Löcher zuzugipsen. Das macht er ungern, weil ihn dabei Wut übermannt. Überfraut aber geht er die Sache heute an. Und dann will er noch Messungen vornehmen. An Ecken und nicht an Runden, denn Türen können das Eckige nicht verbergen. B. hat sich viel vorgenommen. Er wird das alles schon erledigen. Auf seine Weise. B. lenkt sich ab. Er hat Einfälle, die weitaus besser sind als sein Vorhaben. Er läßt sich anderes einfallen, damit sein Vorhaben ausfallen kann. Es gelingt schließlich mit seiner Philosophie. Ein Vorhaben muß ein Nachhaben haben. Und da nach dem Vor das Haben kommt, hat B. einen Gedanken: Nichts ist ideal und man muß aus allem was machen, dann hat man etwas. B. hat etwas davon; B. hat sein Vorhaben.

B. schaute sich, als er dem Urinstinkt der Menschheit nachging, indem er seine Haut von Unreinheiten drückend befreite, was aller Wahrscheinlichkeit nach nach Frauenzeitschriften nicht richtig ist, im Bad um. Er bemerkte Staubfladen und Staubschichten in der Badewanne, die jeden zivilisierten Menschen erschauern lassen. Wird die Badewanne denn nicht genutzt? Nein. Sie wird nicht genutzt. B. duscht nicht. Er badet auch nicht. Denn B. sieht nicht ein, daß er sich naß machen soll wo er doch trocken ist. Von dieser Art hält B. nichts. B. geht schwimmen. Hin und wieder. Dann ist er ja naß und dann duscht er. B. ist also sauber, von Grund auf. Und das viel zu sehr, wie ihm unterwegs in Ägypten gesagt wurde. Er sähe so sauber aus; er müsse in ein Luxushotel. Welch' ein Angebot! B. kennt sich und lachte. Ein Luxushotel! B. wollte Natürlichkeit und fuhr Richtung Wüste. Sofort wurde ihm eine Übernachtungsmöglichkeit angeboten. Diese nahm B. an. Aber er wunderte sich doch über die Spontanität. Über die seinige und auch über die des anderen. Rätselhaft. Darum auch interessant und B. ging der Sache nach. Er erfuhr den Grund: Er sähe aus wie Mona Lisa. Der andere hatte eine Fotografie von dem Bild der Mona Lisa und bestimmt auch eine Vorstellung. Aber die erfuhr B. nicht. Er nahm das Kompliment an und auch den Schlafplatz. Es passierte ihm nichts. Er wurde verstanden. Allerdings hatten sich die Vorstellungen der Zivilisation vom Geschlecht schon verbreitet. Es wurden vorgefertigte Meinungen daraus, gegen die B. immer anging. Das gelang ihm mit seiner naiven Art und Naivität recht bald. Er wurde dann Freund und somit wieder geschlechtslos. Ohnehin fühlt B. sich so sehr wohl. Allerdings liest B. auch keine „Brigitte".

Manchmal wird B. gefragt, warum er Bayern verließ.

Ja, wenn die fragenden Menschen Auzogn* kennen würden! Sie würden nicht fragen. B.'s Kniescheibe nämlich ist nicht kugelrund. Nur das ist der Grund. B. will nun erklären, wie das zu verstehen ist. Wenn der Auzogntteig fertig ist, wird die Form des Auzogn auf besondere Art geprägt. Man klatscht ein wenig Teig einfach auf das Knie und schon ergibt sich die Vertiefung, die ein Auzogn als solches auszeichnet. Selbstverständlich ist die Vertiefung rund. Ist das Knie nicht rund, dann fehlt die Form, die ein Küchle — denn als solches ist ein Auzogn oberhalb des Weißwurstäquators bekannt — so auszeichnet. Denn nur allein das Runde regt den Gaumen an. Nur so rund ist ein Küchle beliebt. Und B. hat kein rundes Knie und kann das beliebte Gebäck nicht formen. Er verließ also Bayern. Und dennoch fährt er immer wieder dorthin. Er wird oft, besonders aber zur Zwetschgendatschi-Zeit, eingeladen. Denn der Datschi* ist ein weiteres beliebtes Gebäck, das man gern anbietet. Dieses Backwerk wird nicht nur von den Datschiburgern, in deren Stadt Augsburg es gekreiert wurde, gegessen. Es ist überall beliebt. Doch B. macht sich nichts aus Zwetschgendatschi. Denn er liebt Handfestes. Aber er fährt dennoch auch um diese Zeit nach Bayern, weil es dort Handfestes immer gibt. B. ißt dann Weißwurst. Weiß, kräuterdurchsetzt, ganz dem Namen entsprechend. Kein Wollweiß. B. nimmt dazu auch keine Würze, obwohl weiß entsprechend der Mode Zutaten vertrüge. Doch Weißwurst ist keine Modeerscheinung. Das muß man wissen, wenn man in Bayern Weißwurst ißt. Weißwurst hat die Zutat in sich und auch die Wohltat. Denn sie ist ein Magntratzerl. Aus diesem Grund ißt man sie auch nur bis 12 Uhr in der Früh'.

B. wartet. Er wartet. Er wartet ab, ob er warten kann.

Er wartet ab, ob er etwas erwarten kann. Denn er hat abgewartet. Er kann demnach etwas erwarten. Oder er kann sogar jemanden erwarten. Jemanden, auf den er wartet. Oder jemanden, auf den er wartete. Genauer gesagt: Auf den er warten wollte, aber nicht warten konnte. Denn warten ist nur möglich, wenn etwas nicht da oder aber nicht hier ist. Und der andere war hier. Warten ist philosophischer Natur. Man sollte nicht warten, wenn man etwas erwartet. Denn dann kommt nichts. Man sollte nur warten, wenn man weiß, da ereignet sich etwas. Denn Warten hat ein Ziel in sich. Und wenn das Ziel gewiß ist, dann sollte man nicht warten, sondern tatkräftig werden. Etwas unternehmen. Denn dann hat Warten seine Philosophie verloren. B. aber hat sein Ziel und kann dennoch nicht tatkräftig werden, weil er warten und auch abwarten muß. B. nämlich hat bereits gehandelt. Also muß er warten und er weiß auch, auf was er wartet. Auf sein Flugticket nämlich. Also kann B. warten. Und er wartet auch. Aber philosophisch. Es ist allerdings ein Unterschied, wo man wartet. Das weiß B. und macht sich das Warten angenehm. Er meidet Wartezimmer. Er meidet Warteräume. Er wartet da, wo es ihm gefällt. Dann vergißt er, daß er wartet, weil er ohnehin dort, wo es ihm gefällt, nicht wartet. B. wartet also und wartet doch nicht. Das aber ist: Warten.

B. war wieder einmal beim Fotografen. Er wollte wissen, wie er jetzt nach so vielen Wochen Wohlstand aussieht. Denn Spiegel, in die B. unterwegs ab und zu schaut, natürlich verstohlen, geben da keine rechte Auskunft. Jedesmal sah B. anders aus und er machte Fratzen, um die Veränderung zu studieren. Es kam dabei heraus, daß B. sich verändert hatte. Er sah, daß die Wangen in Richtung Lippen sich nicht mehr vertieften. Aber beim Anfassen war noch der Wangenknochen zu spüren, so daß sich B. wieder beruhigte und seine Annahme, er sei dicker geworden, sich für ihn nicht bestätigte. B. fand sich also wieder und war zufrieden. Er fand auch, daß er so recht aufgelegt war, um sich fotografieren zu lassen. Und so ging er zum Fotografen. Er tat, was ihm gesagt wurde. Er setzte sich auf den dargereichten Hocker. Das war in Ordnung. Die Kopfdrehung allerdings behagte ihm schon nicht mehr, denn er liebte seine andere Gesichtsseite. Aber B. ist kein Fotograf und ein Fotograf sieht das wieder anders. Er sah mehr die andere Seite. Also drehte B. sich so, schaute ausdrucksvoll nach oben, denn er hatte sich nicht geschminkt. Dieses Bild jedenfalls konnte nicht mißlungen sein. Aber die nächste Position sah schon wieder anders aus. B., der sein Gesicht mal rechts und mal links sieht, weil er Symmetrie nicht mag, meinte innerlich, daß sein Gesicht niemals voll ausgeleuchtet zum Porträt werden dürfe. Es wurde auch nur angeleuchtet, aber doch ins rechte Licht gerückt, so, daß das Gesicht direkt Licht wurde. Es wurde zum scharfen Porträt. Alles fotografisch sehr schön und neugierig holte B. die Fotos ab. Ach, du liebster Schreck — das waren seine ersten und einzigen Gedanken. B. hatte sich doch von den Spiegeln täuschen lassen. Er war tatsächlich dicker geworden. Sein Gesicht war so wohlgenährt, so wonniglich rund, daß es schon bejammernswert war. Nur gut, daß die Haare so ins Gesicht fielen, daß das Runde wieder eckig und die Breite nicht zu breit wurde. B. war dennoch sichtlich betrübt und er tröstete sich damit, daß man wenigstens auf der Nase einen Ablenkungspunkt entdecken konnte: Einen Querstrich. An den hatte B. nicht mehr gedacht als er sich fotografieren ließ. Dieser war Ausdruck einer Verletzung. Ihm waren Bücher auf die Nase gefallen und ein besonders scharfkantiges hinterließ diesen Eindruck. Ein Ausdruck von der Art die B. nicht mag. Aber von dieser Art Ausdruck bleibt B. nicht selten verschont. Ein Eindruck macht eben einen Eindruck und ein anderer macht eben Ausdruck. So verschieden können Eindrücke sein. Und so machte das dritte Bild, an das B. nicht mehr gedacht hatte, einen besonders guten Eindruck auf ihn; denn da zeigte er Ausdruck. Dieser ging nicht nach innen. Es war ein gekonnter Ausdruck. Es war wirkungsvolle Angabe. Und somit vergaß B. sein Dickgewordensein und machte sich zum Ausgehen bereit. Er schlüpfte in seinen geliebten Dickmacher-Rock. In diesem gefällt sich B. Diesen 1001-Nacht-Rock zog B. also an. Doch der einzige Knopf ließ sich nicht schließen. Nur beim Luftanhalten. B. aber hielt die Luft nicht an und schloß auch nicht den Knopf; er ließ den Rock ungeknöpft an. Der nicht zugeknöpfte Rock rutschte nicht und somit ließ sich wiederum verbergen, daß B. doch dicker geworden war. Und aus diesem Verbergen kam aus der Tiefe des Verborgenen die Erkenntnis, daß Täuschungen nicht so leicht zu erkennen sind.

B. hat sein Flugticket, auf das er wartete, nicht mehr zugeschickt bekommen, was dem B. auch nichts ausmachte. Denn er hatte das gar nicht erwartet und er weiß, daß es an ihm lag. Er bucht nämlich nie zeitig und er wußte auch, daß der Rückflug nicht bestätigt war. Das störte ihn auch nicht, denn Arabien ist ein Land der vielen Möglichkeiten. Zwar, wenn man nachdachte, wurde es klar, daß dieses Unterfangen gewöhnlicherweise risikoreich ist, aber für B. gibt es immer so etwas wie Zufall und Glück. Und so machte er sich auf zum Flughafen. Die Papiere waren selbstverständlich dort und B. hatte noch viel Zeit.

Ihm fiel ein, daß er gleich an Ort und Stelle den Rückflug bestätigen lassen könnte und auch, daß er dies vergessen könnte wie schon einmal. Der bestätigte nicht bestätigte Rückflug wurde darum entstätigt, also gestrichen. Und B. bekam ihn doch, weil er sich an dem einzigen Abflugschalter ,,chaotisch'' benahm und einfach die anderen beiseite drängte und Erklärungen abgab. Ob die anderen nach New York oder Abu Dhabi fliegen wollten, das war dem B. gleich. Er erklärte, sein Vorhaben sei wichtig und auch er sei wichtig. Dagegen wußte niemand etwas zu sagen. Nur: So wie er hier gehandelt hatte, so konnte er diesmal nicht vorgehen, weil er Transit hatte. Also Zwischenstation. B. ließ sich nicht beunruhigen und kaufte erst einmal Dollar. Alles andere verlief dann wie gewohnt, und B. erreichte sicher den Zielort und bekam sogleich den berühmten arabischen Kreidestrich auf den Rucksack und konnte passieren. Und dann passierte das, was eigentlich auf Flughäfen immer passiert: Er wurde von Taxifahrern umworben. B. aber wollte nicht allein in die Hauptstadt fahren und sah sich nach anderen Menschen um, die vielleicht auch dorthin wollten. Er hatte Glück und gab sich bald danach dem Schlaf hin, und er erlebte eine schöne Schlafnacht. Am Morgen fand er auch gleich den Teeplatz, wo es das in Öl gewendete Fladenbrot, das in Hauptstädten immer auf Zeitungspapier warm gereicht wird, gab. Dieses mag B. sehr und ihm wurde auch gleich eins angeboten, ebenso Tee. B., die Geschäftigkeit dieses Platzes genießend, störte sich nicht daran, daß er das einzige weibliche Wesen war. Er hatte es gut hier. Er beobachtete die Menschen und sah einen interessant aufgemachten Mann kommen. Dieser hatte im Turban verschiedene Kräuter und seine rechte Hand war beringt. Es waren breite Ringe. Und als er seine Hand bewegte konnte man sehen, daß alle fünf Ringe mittels kleiner Ketten an einer Schmuckplatte befestigt waren. B. erfuhr, daß dies ein alter Nomadenschmuck ist und Qaff genannt wird. Dieser Mann hatte ein sehr sicheres Auftreten und einen kerzengeraden Gang, der ihn stolz machte. Stolz im angenehmen Sinne. B. war glücklich, daß er den abgelegenen Platz gefunden hatte und trank seinen Tee nur hier. Auch am Abend vor der Rückreise, die B. gar nicht so gern antrat. Am Morgen auf dem Flughafen fand B. den richtigen Abfertigungsschalter und verhielt sich so wie die anderen. B. hatte beobachtet, daß eine gewisse Reihenfolge fehlte und das war vernünftig. Das Herüberreichen der Tickets und Koffer und Taschen — das Hinüber und Herüber im Eiltempo sah flott aus. Es tat sich viel und es konnte sich keine Schlange bilden. B. erhielt seine Papiere auch zurück und ging durch die Paßkontrolle, trank noch einen Tee und plauderte. Doch als es zum Abflug ging, bemerkte B., daß er keine Bordkarte hatte. Kein Problem. B. gab seinen Paß ab und rannte zum Abfertigungsschalter zurück. Der Mensch war noch da, doch er hatte schon alles in ein Köfferchen gepackt. B. brachte sein Anliegen in sämtlichen ihm bekannten Sprachen vor. Doch verstanden wurde er nicht. B. zögerte nicht lange, deutete auf das Köfferchen und der Mann zeigte dies und jenes, nicht aber die Bordkarte. B. versuchte es noch einmal und schließlich fiel ihm die Farbe der Karte ein und er sagte: rosa. Der Mann strahlte und gab die Bordkarte, die rosa war. Daß es ein anderer Flug war, das war egal, die Farbe stimmte ja. Was nun rosa eigentlich bedeutet, das hat B. bisher noch nicht in Erfahrung gebracht. B. raste zum Abflugausgang, bekam seinen Paß und Anerkennung. Im Flugzeug wurde er freudig begrüßt. B. war zufrieden. Und nun galt es, die letzte

Hürde zu nehmen. Im Transitraum, überfüllt wie er war, konnte sich B. seiner Sache nicht mehr sicher sein. Doch beim Vorbringen seines Anliegens wurde ihm schon wohler. Die Papiere gab er ab und schlenderte dann durch die Hallen. Er zählte die ankommenden Touristen, die nach Frankfurt wollten. Ihm wurde anders zumute. Er gab das Zählen auf und überließ alles dem Zufall. Er konnte nichts weiter tun als warten. Doch das dauerte! Plötzlich ein Aufatmen. B. wurde zum Abflug aufgerufen. B. fragte sich nun, warum so viele Menschen den Zufall verachten.

B., der seine Zeit zwischendurch gern allein gestaltet, träumt dann natürlich auch gern. Er möchte dann allein bleiben. Aber das geht nicht, denn B. hat Klingel und Telefon. Das ignoriert er manchmal, doch nicht immer. Nämlich dann nicht, wenn er neugierig ist. Aber das kommt selten vor. Das passiert ihm eigentlich nur unterwegs. B. will dann auch wissen, wie das alles tatsächlich ist, und läßt sich in solch einem Fall nicht auf nichts ein. Er macht so ziemlich alles mit. Nur dann nicht mehr, wenn's gefährlich wird. Dann allerdings hat B. auch schon all das erfahren, was er erfahren wollte. Aber meist ergibt sich ungewollt diese Situation. B. ist schnell mittendrin, weil die Menschen seine Hilflosigkeit sehen. Er fand wieder einmal nicht den Weg in einer Stadt. In Städten und in Häusern — da verläuft sich B. schnell. Eigentlich immer. So kam es auch, daß er nur den vermeintlich richtigen Weg eingeschlagen hatte. Und nun stand er da. Sogleich wurde ihm Begleitung angeboten. Und schnell war das Ziel erreicht und auch die Menschlichkeit. B. nahm die weitere Einladung an, fuhr mit zum berühmten Tee-Markt, der eigentlich keiner ist. Aber die Pflanze ähnelt diesem und B. kannte sie bereits. Er wollte lernen, wie die Qualitäten zu unterscheiden sind. Schnell hatte er es heraus, und er probierte sogleich vom besten Grünzeug. Doch seine Geschmackspapillen fanden keinen Gefallen daran. B. machte lieber wieder Studien. Die grünen Blätter, lange gekaut, werden in eine der Wangenbacken geschoben. Dort bleiben sie stundenlang. Ab und zu wird etwas getrunken, Wasser im allgemeinen, damit noch mehr Saft herausgeholt werden kann. Die Wange gleicht dann einem einseitigen Ziegenpeter und wird nach und nach zum Knäuel. Der Mensch legt sich träge nieder oder hockt in geselliger Runde. Er mag die Arbeit nicht mehr und auch nicht das Reden. Er verkauft wohl in Gedanken. Zu haben wäre noch alles, was man sieht. Doch das eigentlich nur morgens, wenn Qat* noch nicht genommen wird. Doch B.'s Begleiter war ja nur Käufer und so konnte die Fahrt weitergehen, mit anderen auf dem Markt getroffenen Freunden. Rasend schnell, ungeachtet aller Hindernisse, wurde die Fahrt fortgesetzt. Das Grünzeug verfehlte seine Wirkung nicht. Das Fahren entsprach dem Pulsschlag, der sich in Verbindung mit einer gewissen Flüssigkeit, die zu trinken nicht erlaubt ist, weiter erhöhte. B. durfte den Puls fühlen und argwöhnte noch nichts. Noch fühlte er sich sicher, denn noch waren andere um ihn. Sie wollten alle sein Bestes und zeigten stolz die unberührten Landschaften. Erst zu später Stunde, wo das ausgekaute grüne Knäuel ausgespuckt wurde, wurde dem B. anders zumute und dem anderen übel. Aber nur für eine Weile, dann kam der Seelenkummer des anderen durch und das Reden brachte Erlösung. B. allerdings sah, daß er schon wieder an der einen Stelle, wo er aussteigen wollte, war. Mindestens drei Runden waren schon gedreht im Kreis. B. war jetzt mit dem Fahrer allein, was ihm natürlich nicht mehr behagte. Er fand, daß er jetzt doch eine Schlafstätte suchen müsse. B. schaffte es gerade noch, den anderen zum Halten zu bewegen. Seine List: Er verabredete sich mit diesem Menschen für den anderen Tag. Sie trennten sich beide, zufrieden. B. war heilfroh und fand es gut, daß er wieder auf dem Wege zur Wüste war. Denn dort ist das Leben doch nicht so wüst.

B. hat am Abend immer die besten Einfälle und Gedanken. Die Dunkelheit gibt ihm Sicherheit. Und das Gefühl, nichts mehr zu versäumen. Dem B., der wieder eingeladen war, fiel das in der Abstellkammer aufbewahrte Schminkzeug ein. Es ist nun einmal da und sollte auch verbraucht werden. Aber Lust, sich zu schminken — auch wenn es nur die Augen sind — hatte er eigentlich nicht. Und somit begann B. damit, daß er den Schlußvorgang seiner Prozedur einfach vorzog, in der Hoffnung, dies genüge. Doch als sich B. mit dem unteren Lidstrich betrachtete, fand er seine Augen nackter denn je. So also ging es nicht. Es mußte weitergehen, nunmehr in stark veränderter Reihenfolge. Und das — so hatte B. gehört — was zuerst erfolgen sollte, sollte niemals zuletzt erfolgen: Das Tuschen der Wimpern. Ob das gut ging? B. überlegte, wie oft er sich schon geschminkt hatte und stellte mit Entsetzen fest, daß mit dem heutigen Akt die Dreizahl, auf die B. alles setzt, überschritten war. Hoffentlich geht das gut — dachte B. und schminkte sich nicht mehr die Lippen. Denn ihm fiel Boshaftes ein. Bösartig wurde ihm einmal gesagt, vielleicht weil seine geschminkten Lippen auffielen, daß Frauen, die Lippenschminke auftragen, damit nur auf ihre Schamlippen hinweisen wollen. B. war nicht entsetzt, sondern er dachte so für sich, daß Bildung den Menschen doch sehr verbilden kann.

B. sehnt sich nach einfachem Dasein. Nicht fragen. Nicht zweifeln. In Ruhe die Zeit vertun. Und indem B. diesen Wunsch verspürte, dachte er an Reiseerlebnisse, die ihm Unterschiede zwischen Arabien und Asien deutlich werden ließen. Obwohl man sie in einem Sinne auch vergleichen könnte: Im Ausgang. Es reichte immer noch. In der Situation, in der sich ein Mensch gerade befindet, allerdings reicht es nicht mehr. Nur am Ende dieser kann gesagt werden: Es reichte ja noch. Natürlich kann man das sagen, wenn eine Geschoßkugel nicht direkt neben dem Körper landet. Natürlich kann man das sagen, wenn die Überwindung eines gefährlichen Flusses geschafft ist. Und selbstverständlich kann das gesagt werden, wenn die Kraft noch gereicht hat. Aber in einer Situation? B., der in Begleitung eines Arabers in den terrassenförmig angelegten Bergen von Manakhah spazierte, vernahm plötzlich Schüsse und lautes Geknalle überall. Es wurde wohl geschossen? B., der bisher keine Angst kannte, wurde doch etwas ängstlich. Er blieb stehen und lauschte, um herauszufinden, woher diese lauten Laute kamen. Nichts auszumachen. Überall hallte es wieder. B. schaute seinen Begleiter an, fragend. Doch dieser war sichtlich überrascht, daß B. so ungewiß und unsicher dreinschaute. Das Blicken in die Tiefe und in die Höhe, das Suchen nach etwas Außergewöhnlichem, half auch nicht. B. mußte fragen, was er dann auch tat. Sein Begleiter blieb ruhig. Er lächelte und gab Erklärungen über den Bau der Lehmhäuser, über den Suq und über andere Dinge ab, die B. alle nicht verstand. B. schaute weiter fragend in die Augen des anderen, der endlich antwortete. Es ist nichts. Es wird geschossen. Es kann nichts passieren. Die können zielen. Und das stimmte. Unweit neben B.'s Fuß wirbelte Staub auf, aber nicht von B.'s Fuß. Sondern von einer Kugel. Sie war dort ganz einfach gelandet. Und B. mußte zugeben, daß die Aussage stimmte. Zielsicher sind die Araber. So als sei nichts geschehen, so ganz natürlich, ging B. weiter. Sein Begleiter verabschiedete sich, denn B. wußte nun den Weg, den er zu gehen hatte. Das Erlebnis war abgetan. Was aber hätte B. gemacht, wenn ihm das allein begegnet wäre? Er wußte es nicht. Er weiß es auch jetzt nicht. Aber er weiß, daß er in einem anderen Fall sofort Hilfe erhalten hätte, wenn dieser Fall nicht in Asien, sondern in Arabien, passiert wäre; aber es war nun einmal nicht Arabien. B., der einen Teil einer Insel durchwandern wollte, mußte sehr oft durch Flüsse gehen. Diese jedoch waren nicht tief, aber strömungsreich. Mutig hatte B. schon einige durchquert, schon annehmend, daß er einschätzen könne, welche Stelle am ungefährlichsten sei und welche Wasserwirbel von Steinen herrühren. Das Ziel war bald erreicht. Dieses Bewußtsein erleichterte ihn, denn B. mochte nicht mehr. B. beeilte sich und machte keine Pause. Ein Gewässer war noch zu durchwaten. B. schaute sich das Strömen des Wassers an und schaute sich auch um. Eine Gruppe von Männern war zu sehen, was beruhigenden Einfluß auf B. hatte. Jetzt konnte nichts daneben gehen. B. setzte forsch seinen Fuß in den Fluß und schritt tatkräftig voran. Aber insgeheim hatte er doch auf Hilfe gehofft, denn der Fluß schien nicht ohne Tücken zu sein. Doch die Hoffnung erfüllte sich nicht und etwas entmutigt schritt B. weiter. Ihm war nicht gerade wohl zumute, weil das Wasser immer mehr an Tiefe zunahm und ebenso die Strömung. Der Rock war schon hochgerafft. Das Wasser wurde immer tiefer, somit auch der Mut. Nein, so geht es nicht, dachte B. und nahm sich zusammen. Denn es blieb ja nur eins: Hier in der unwirtlichen Gegend übernachten, und somit aufgeben, oder durch. B.

ging erst einmal nicht weiter und schaute sich, nachdem er festen Stand hatte, um. Doch die Männergruppe rührte sich nicht. Nichts brachte sie in Bewegung, nur die Neugierde des Schauens. Also bewegte sich B. wieder und brachte noch mehr Bewegung ins Wasser, das nunmehr sehr bewegt war. B. mußte sich ja Mut machen. Er ging recht unvorsichtig weiter und spürte die zunehmende Strömung und die abnehmende Fähigkeit, die Natur zu erkennen und einzuschätzen. Es blieb nur ein Zurück übrig und B. kam ins Schwanken. Nichts zu machen. B. ergab sich seinem Schicksal. Tief seufzend. Jetzt aber ereilte ihn die Vorsehung Glück: Ein Mann setzte sich eilends in Bewegung und kam herbei, um die Durchquerung dem B. vorzugehen. B. konnte nachgehen und hatte endlich hiermit die andere Seite erreicht. Innerlich froh, aber noch nicht glücklich, bedankte er sich nur höflich und verstand eines nicht: Warum nicht gleich so? Doch das ist eigentlich immer im Leben so: Warum nicht gleich so? Im Nachhinein denkt das der Mensch. Doch das sind dann andere Situationen.

B. hatte vergessen, sein anderes B. zu fragen, ob es nicht auch einmal mit in die Wüste kommen wolle. Dann allerdings ist das andere B. verpflichtet, dem B. zu helfen. Und das hat B. bisher verschwiegen. Aber B. nimmt an, daß sein B. auch einmal die Wüste kennenlernen möchte. Doch ganz sicher würde ihm das Wasser fehlen. Nicht, weil das andere B. immer duschen muß, nicht, weil es viel Wasser trinkt und auch nicht, weil es damit spielen muß. Darauf kann das andere B. kurzfristig verzichten. Aber wozu es dennoch Wasser braucht, das fragt sich. Vielleicht als Ersatz für einen Spiegel, vielleicht zum Segeln. Jedenfalls nicht zum Trinken, denn da hat B. ja seine Wasserflasche. Die muß immer gefüllt sein, sonst gerät B. in Panik. Seit einem Erlebnis und seit einer Erfahrung ist das so. Es fällt ihm manchmal wieder ein. Jetzt hat er aber Abstand und kann daher über das Erlebte berichten. Es war in der Wüste. B. war mit Beduinen unterwegs, die ihn zu einem anderen Platz in der Wüste bringen wollten. Dort wollte er verweilen, weil der Sand dort noch schöner ist und die Menschen sehr liebevoll sind. B. wurde aufgenommen und bewirtet. Er konnte seine Zeit zwischen dem Morgentee und der Dunkelheit nach seinem Belieben verbringen. Er war frei. Nur zwei Dinge mußte er beachten, die er natürlich nicht gleich erkannte. Mit dem Sonnenaufgang mußte er aufstehen, weil dann das Brot gebacken wurde. Zuvor wird der Tee gereicht. Das nämlich ist ein bedeutender Augenblick: Das Erwachen und Begrüßen der Sonne. Das darf nicht verschlafen werden, und somit wurde B. geweckt. Das war ihm doch ein wenig unangenehm. Das Begrüßen der Sonne darf nicht laut begangen werden. Nur wenige Worte werden gewechselt. Dem B. gefällt das. Er schweigt gern, denn dabei kann man besser genießen. Und: Es kann nichts zerredet werden. B. mag das zeitliche Leben mit der Sonne. Man braucht keine Uhr, man braucht keine genaue Zeit. Ja, man vergißt sie. Anfangs hat B. das rechtzeitige Zurückkommen versäumt, weil er nicht wußte, daß es hier in der Wüste keine Dämmerung gibt. Er wurde also von der Dunkelheit überrascht. Er sah ein Feuer und ging in Richtung dieses Scheines. Er kam dort an, wo er Gast war. Man hatte auf ihn gewartet und mit dem Feuer ein Zeichen gegeben. B. fand das sehr rührend; doch beschämend war es für ihn. Dadurch wußte nun B. wie er sich zu verhalten hatte. Er verletzte die Menschen nicht mehr, die ihm doch so viel Freiheit und Lebensgenuß gaben. B., der bald wieder nach Hause zu sich mußte, hat viel von diesen einfach lebenden Menschen gelernt. Er fühlte sich wohl dort. Doch dann sagte man ihm, daß er jetzt, wenn er nicht in einen Sandsturm kommen will, wegziehen müsse. Das tat B. auch. Man begleitete ihn, doch B. war zu langsam. Und der Sandsturm kam. Sicher nicht der gefürchtete, doch dem B. reichte es. Er trank zu viel Wasser und hatte bald keines mehr. Er war ausgetrocknet und dachte nur noch an Wasser. Das aber gab es nicht. Der Sand behinderte das Sehen und bildete einen Dunstschleier, erbarmungslos. Die Körnchen peitschten ins Gesicht, in die verdeckten Augen. Die Luft trocknete die Kehle aus, so daß er keinen Speichel mehr hatte und das Gefühl, seine Zunge sei geschwollen. Er konnte sich nicht mehr beherrschen und dachte wieder nur an Wasser, was alles verschlimmerte. Er sah die Fata Morgana, die es nur in Deutschland auf Plakaten gibt: Bier. Ein Glas. B. ritt mechanisch weiter, sein Begleiter konnte ihn nicht aufmuntern. Endlich kam die Erlösung: eine Oase, das heißt: ein Wassertümpel. Tief verankerte Palmen um ihn. B. stieg vom Kamel, dessen Augen voll Sand waren, was es nicht beachtete. Es schien nicht zu stören, doch die Augen blickten traurig. B. aber dachte nur an sich und holte aus dem kleinen See Wasser zum Trinken. An ein Abkochen dachte er nicht mehr, auch nicht an die Gefährlichkeit seines Vorhabens. B. trank das Wasser sofort. Er wußte, was geschehen könnte, doch sein Verlangen war stärker. Was nutzt hier das Morgen? Im Augenblick war B. wieder fähig zu denken. Die ,,Halluzination'' war vorbei. B. dachte nicht an das Morgen, das dann doch kam. B. mußte leiden, für einige Zeit. B. hat tagelang nichts gegessen, um den Flug überstehen zu können. Es ging auch gut. B. wurde wieder unvernünftig. Zu Hause schwebten ihm Dinge vor, die er nicht essen durfte und natürlich doch sich besorgte. Vernunft zu leben ist ja auch sehr schwer. Man muß es in sich haben. Und das hat B. eigentlich nicht. Er sieht zu sehr das Jetzt. Seine Panik hat er auch verloren, denn das Gefühl ist ihm nun nicht mehr unbekannt. Er hat keine Angst mehr, irgendwann zu verdursten. Denn auch das geht nicht so schnell, wie sich der Mensch das gewöhnlich vorstellt.

B. ist wohl doch asketisch. Das jedenfalls weiß er nicht so genau. Auf jeden Fall ist er extrem. Er liebt die Wüste mehr als den üppigen Regenwald, mehr als den vom Todesgeschrei erfüllten Urwald, wo Tiere Pflanzen ähneln. So sind grüne Raupen geordnet wie die Blätter von Kletterpflanzen am Baum, die sich bei näherer Betrachtung oder Berührung in Bewegung setzen. Das Geschrei und Gekreische ist für lange Zeit Begleiter. Die Machete, einem langen Tortenmesser gleich, erweist sich als überdurchschnittlich scharf — so jedenfalls erlebte es B., der sich von Indios führen ließ und deren Sprache er nicht verstand. Er will nicht mehr in einen Urwald. Es war ihm zu unheimlich. Die Laute und auch ein wenig die Menschen. War es schon Gewohnheit, die dieses Empfinden hervorrief? Gewohnheiten nämlich hat B. nicht, und somit bleibt die Frage eine Vermutung. Die gehört ohnehin in sein Repertoire, denn B. weiß zu wenig. Eigentlich sind es mehr Annahmen, denn es sind Dinge. Technische zum Beispiel. Von denen versteht B. immer weniger. Er weiß auch nicht, wo er etwas nachlesen kann. Er fragt dann mal nach. Ein Fernseher ist ihm schon unheimlich. Noch unheimlicher, ja furchtbarer, wurde ihm zumute, als er eine Fernbedienung in die Hand nehmen mußte. Die Erklärungen vergaß er schon in dem nächsten Augenblick. Er sah keine Beziehung zwischen Video, Fernsehen und dem in der Hand gehaltenen flachen und länglichen Drucktastengerät, einer Fernbedienung. B. versuchte, als die Kassette von Fachhand eingeschoben war, lauter zu stellen mittels dieser Fernbedienung, denn eine andere Möglichkeit war nicht gegeben. Es gelang ihm nicht. Er hatte, so wurde ihm später erklärt, nicht lange genug gedrückt. Fraglos gab er das Ding ab, an jemanden, der davon etwas verstand. Das Beziehungslose machte den B. unsicher und er beschloß, sich nicht weiter zu informieren, sondern für Menschlichkeit zu sorgen. Er hatte schon genügend von den Absichten der Menschen gehört, Programme zu zerstören und zu löschen. Nur weil es „ausgeklügelt" ist und weil es zur „Unterhaltung" gehört. B. sieht nicht schwarz. Er will versuchen, mit seiner unbedarften Haltung einzuwirken. Daß ein Erwachen ist, das erwartet B. nicht, aber er erhofft es. Er hofft, daß auch diese Erfindung sinnvoll eingesetzt wird. Und er hofft, daß die Menschen noch aus sich heraus leben können. Nicht, daß die Technik sie eines Tages niedermacht. Aber: Kann der Mensch das noch sehen?

II. Gedichte

Die Knospe in ihrem Aufbrechen
behält nichts —
flüchtig berührt ein Strahl
das Innere
um vermehrt wieder außen zu sein.
Es ist wie Liebe
die nicht zu erfassen
immer unterwegs ist
und niemals bleibt.
Sie ist die Zeit davor und danach.
Niemals aber die Zeit.
Nur diese hat den Triumph:
Unberührt nimmt sie ihren Weg
und ist einfach da.
Nicht aber die Liebe.
Sie ist von anderer Art.

Aneinander geschmiegt
um der Kälte zu entgehen
und dazwischen die Uhr
die umsonst getragen
noch nicht einmal Zierde ist.
Die Sonne bestimmt die Zeit.
Nach ihr richtet sich das Leben
nach ihrem Rund das Gemachte.
Die Sekunde wird nicht gebraucht.
Die Bahn ist gefügt.
Das Leben wird gelebt.
Das aber vergessen wir.
Unser Herz schlägt mit der Zeit.

Der Strahl,
der den Morgen erweckt,
tritt in Erwartung auf.
Das Licht zeichnet seine Konturen.
Begierig der Mensch.
Er will die Veränderung studieren.
Er will wissen.
Doch das Licht ist dagegen.
Das Auge
muß sich abwenden.

Gegen das Strahlen
unerbittlich
ist gesetzt der Turban
ist gesetzt die Verschleierung.
Das Licht blendet
es ist zu viel.
Es bricht im Schatten
das Wahre
in zu bestimmender Zeit.

Die Wolken eilen
wenn die Sonne aufsteigt
hügelan und verdecken den Krater
das tote Auge in den Flammen
die verraucht
kein Feuer entfachen.
Wir aber sehen.

Wolkenverhangen
ist die Tiefe nicht mehr
die erschauen läßt das Empfinden.
Das Auge verlosch
die Wimper schlägt nicht mehr.
Die Asche ist nicht.
Zu vernehmen ist der Schlag der Zeit.

Schatten erwuchs.
Fallend ist der Strahl
geblendet.
Der Schatten verweilt
Strahl geworden.
Der Helle Blendung
wird kein Einlaß gewährt.
Das Übermächtige
besiegen strahlwerfende Schatten:
Dornen.

In den Fragen des Seins
Zweifel.
Vom Überschuß geboren.
Wir aber atmen.
Die Stimme ist
ohne Klang.
Sie überbrachte den Schatten
den das Spiel verlor.

Schattenspiele
haben wir nicht.

Der Wein,
durch das Glas
differenziert erfühlt,
entfaltet seine Blume nicht
in achtloser Verschwendung.
Die Cistanche* lebt im Verborgenen
obwohl sie leuchtet.
Genügsam. Verinnerlicht.
Sie sucht nicht.
Sie hat sich.
Aber sie schmarotzt.

In windstiller Nacht
leises Wehen
das den Sand unmerklich treibt
fein gewoben
wie des Mondes Anliegen
die Schichten tastend zu überwinden.

Das Hindernis ist
der schlafende Mensch.

Vorübergehend
sieht er die Schönheit
aufgetürmten Sandes
schattenwerfende Zeichnung.

Er tut nichts.

Der Sandkristall
Wanderdüne
läßt einhalten.
Die Hoffnungen
verflogen
finden sich wieder.

Das Zuviel was uns umgibt
macht vergessen das Eigentliche:
das Notwendige.
Denn nichts wird gebraucht.
Das Eigentliche aber ist wenig.
Es ist wie das Brot der Wüste: Stein.
Kadam*.
Den aber verachten wir;
denn unser Ertasten ging verloren
unser Hineinsehen ist nicht mehr.
Wir nehmen ihn auf
zum Wurf.
Wir nehmen ihn nicht an.
Aber wir legen eine Sammlung an.
Denn da hat man etwas.
Doch in diesem Augenblick
ist der Stein leblos.

Am Hang der Düne
sandverwehte Hoffnung.
Hier gebar sich der Traum
da das Wort zählte.
Hier wurde Liebe
nicht zählbar in den Kristallen
Sand.
Du nimmst die Hand zum Sehen.
Doch der Sand bewegt sich
und bleibt eigen.
Spuren
löschen sich aus.

In der Finsternis
sternenloser Nacht
erscheint der Mond nicht.
Er hat sich abgewendet.
Es ist zu kalt.
Fragwürdiges
steht am Himmel.

Das Innere traumschwer
läßt sich bekehren
zum Schauspiel.
Der Spieler betrachtet sich
nicht mehr von innen.
Er stellt es dar.

In den Sandrosen*
eingefangene Erfahrung
schön gerichtete Kristalle
Hinweis der Natur:
Die Versalzung verbreitet sich.
Der Keim erlischt.

Der Traum erweckte den Wunsch
und machte den Augenblick
gefühllos
als der Mensch erschien.
Im Sterben des Zugeneigten
ergab sich,
daß eine Sehnsucht bleibt.

Der Mondgott Ilumquh*
erschien über dem Gestein
gezeichnet von der Sonne.
Die schwarze Schicht
Wüstenlack*
blieb unverändert.
Die Strahlkraft des Mondes
setzte sich nicht durch.
Der Mond mußte wandern
zur Wüste des Sandes
wo er als Gott
geboren wurde
und seine Stätte fand.
Im Reiche der Königin von Saba
die Legende.

Das Wasser der Wüste:
Verstehen des Augenblicks
schwingendes Schweigen
in der Einsamkeit.
Der Mensch braucht nichts
verweigern.
Einfühlsam
hat er
naturgeborenes Freisein
sich erhalten.
Verloren ginge
in Fremdheit
das Gefühl.
Wird es bleiben?
Und uns?
Wir spielen mit der Zeit
nicht nur.
Wir wollen mehr.

Der Vorwurf: Stumm.
Die Augen schauen sich
nicht lange an.
Es ist Verstehen.
Im Augenblick.
Der Mond
umwölkt
gleichsam einer Botschaft
bleibt im Verborgenen.
Klagen kommen nicht an.
Wir haben das Gespür verloren.

Die Nachricht kommt ins Haus
Fische träumen nicht mehr
das Innere ist kalt geworden
der Vernichtung anheimgestellt.
Das wissen wir.
Doch das trifft nicht.
Der Krieg wird fortgesetzt
die Gewalt ist Alltag.
Zuweilen aber ist zu vernehmen
die Stimme die Entsetzen gebiert.
Sisyphos aber rollt noch immer den Stein.
Und die in den Wunden gesetzten Male
nagen in sich.
Wenn wir erwachen
hat dann die Zeit zugeschlagen?

Anmerkungen zu den Erzähltexten

Auzogn werden aus einem Hefeteig zubereitet und in Fett ausgebacken. Berliner Pfannkuchen werden gewöhnlicherweise auch so zubereitet.

Datschi ist ein Blechkuchen. Der Begriff entstand in Augsburg. Aus diesem Grund nennt man die Augsburger auch Datschiburger.

Kohol ist ein Gefäß, in dem Augenschminke, die Ruß von verbranntem Weihrauch und Ruß verbrannter Mandelschalen enthält, aufbewahrt wird. Im Jemen sind diese Gefäße kunstvoll aus Silber gearbeitet.

Pferdegebiß ist das Teil des Zaums, das durch das Maul eines Pferdes geführt wird und in den Zahnlücken aufliegt. Es heißt Trensengebiß. Es unterstützt den Reiter bei der Beherrschung des Pferdes.

Qat ist der arabische Name der Pflanze Catha edulis. Diese besitzt eine berauschende Wirkung und wird seit dem 15. Jahrhundert speziell im Jemen angebaut. Früher wurde sie in ganz Arabien angebaut, was jetzt nicht mehr erlaubt ist, aus einem religiösen Grund. Im Jemen gehört diese Pflanze zur Tradition. Die Blätter werden ab 14 Uhr bis zum Abend gekaut. Ein Handeln ist um diese Zeit nicht mehr möglich. Die Arbeitslust erlischt. Qatsitzungen erhöhen das gesellschaftliche Leben. Qat ist teuer, der Preis richtet sich nach der Größe der Blätter. Junge Blätter sind am besten. Qat ist nur bei Männern beliebt. Wenn Frauen Qat nehmen, dann dürfen sie es nicht öffentlich kauen. Auch nicht selbst kaufen. Beduinen nehmen kein Qat. Denn in ihrem Bereich ist es nicht anbaubar.

Anmerkungen zu den Gedichten

Cistanche phylecaea blüht gelb und wächst in der Nefud Wüste und in der südlichen Sahara. Cistanche tinctoria blüht violett und ist im Norden der Sahara zu finden. Diesen Pflanzen fehlt das Chlorophyll (Blattgrün), so daß sie sich selbst nicht ernähren können. Man nennt sie daher Schmarotzerpflanzen. Ihre Nährstoffe beziehen sie von anderen Pflanzen; die Cistanche schmarotzt hauptsächlich auf Gräsern.

Ilumquh ist der Mondgott der Sabäer. Ihm wurde in der Rub al Khali-Wüste im heutigen Nordjemen ein Tempel gebaut, im Rundbaustil und monolithisch glatten Pfeilern. Die Einheimischen nennen diesen Mondgottempel, der noch nicht ganz freigelegt ist, Mahram Almaqah. In diesem Wüstengebiet soll auch die legendäre Königin von Saba ihren Palast gehabt haben. Die Sabäer, die etwa 850 bis 30 vor Christus herrschten, hatten eine Astralreligion. Sie wurden auch die „Verehrer des Mondes und der Sonne" genannt.

Kadam ist das arabische Wort für traditionelles Brot, das vorwiegend im Jemen gegessen wird. Es hat die, mehr oder weniger, runde Form eines handlichen Steines und sein Grau.

Sandrosen entstehen, wenn Grundwasser nach oben dringt, wobei Mineralien frei werden. Diese verbinden sich mit Sandkristallen und verhärten. Sie sind in der Nähe von Salzseen (Schott) zu finden.

Wüstenlack ist ein schwarzer, lackähnlich glänzender Überzug von Steinen und Felsen. Er entsteht wohl durch die Hitze. Wenn man einen Stein mit diesem Überzug aufschlägt, ist die eigentliche Gesteinsschicht zu sehen.